LA LOCATION D'UNE PROPRIÉTÉ DE LUXE :

Un investissement sûr et rentable

PRÉFACE

Dans le monde des locations de propriété de prestige, le succès repose sur un équilibre délicat entre l'art et la science. Il nécessite une compréhension fine du marché, une passion pour offrir des expériences exceptionnelles aux clients, ainsi qu'un engagement à protéger et à valoriser les biens immobiliers. Ce livre, "La Location de propriété de luxe : Un investissement sûr et rentable", est le fruit de l'expertise collective et du dévouement de trois individus remarquables : Patrick Poulin, Patrick Béland et Stéphanie Bessette.

Patrick Poulin, un développeur, formateur et coach spécialisé dans les chalets de vacances et les locations à court terme/Airbnb avec Immofacile, est un témoignage du pouvoir de la créativité sur le marché de l'immobilier. Son parcours a commencé en tant que propriétaire de chalet, mais c'est son expertise en financement créatif et ses apparitions dans un programme télévisé qui l'ont élevé à un niveau d'exception. À la fin de 2018, en collaboration avec son associé, Patrick Béland, il a co-fondé Reserver.ca, une société de gestion immobilière engagée à répondre aux besoins des investisseurs cherchant à optimiser leurs calendriers de propriétés, protégeant ainsi leurs actifs tout en offrant de la flexibilité. La recette du succès de Patrick Poulin repose sur ce qu'il appelle le "triple WOW" : la première impression, l'exécution et la communication.

Patrick Béland, un expert en prospection immobilière et en optimisation des rendements locatifs, est une référence pour les investisseurs immobiliers. En tant qu'investisseur estimé et propriétaire de biens locatifs à court terme à travers le monde, son expérience inestimable a été cruciale pour les réalisations de Reserver.ca. Les clients ont témoigné de la croissance remarquable des revenus locatifs et de la rentabilité qu'ils ont réalisée sous sa direction. Fort de plus de 25 ans d'expérience approfondie dans le secteur technologique, il apporte une perspective unique à l'entreprise. Patrick développe également une application d'intelligence d'affaires exclusive et adaptée à l'industrie de la location à court terme. Cet outil révolutionnaire peut analyser et découvrir les emplacements les plus lucratifs au Québec et dans le monde, permettant aux investisseurs de cibler les meilleures zones d'investissement.

Depuis 2017, les deux Patrick collaborent aussi pour établir un projet global axé spécifiquement sur les locations à court terme dans la région prisée de Sainte-Adèle. Cette initiative novatrice couvre plus de 70 lots disponibles, stratégiquement positionnées pour répondre à la pénurie de chalets de vacances à proximité de Montréal. Pour plus d'informations, veuillez visiter chaletslocatifs.com.

Stéphanie Bessette, une professionnelle chevronnée avec plus de deux décennies d'expérience dans l'industrie du service à la clientèle, a mis à profit sa passion pour la gestion en tant que directrice générale de Reserver.ca. Son rôle dans la garantie d'expériences client fluides et son implication active dans le développement de l'entreprise lui ont valu la confiance et l'admiration des clients.

Ce livre incarne leur sagesse collective et les enseignements tirés de nombreux propriétaires qui ont cherché à maximiser leurs gains, à offrir des expériences inoubliables aux clients, ainsi qu'à protéger et à valoriser leurs biens immobiliers. Les avis reçus de clients et de partenaires témoignent de l'impact de nos stratégies et de l'engagement que nous mettons dans chaque projet.

À l'intérieur de ces pages, vous trouverez un guide complet qui vous aidera à naviguer dans les subtilités du marché de la location de vacances de luxe. De la création de listes attrayantes à l'utilisation de l'automatisation pour gérer la popularité, de l'optimisation des revenus locatifs à l'attraction de clients respectueux et payants, nous avons couvert tous les aspects de votre voyage vers le succès.

Nous croyons en notre capacité à faire une différence dans le monde des locations de vacances et nous voulons que vous partagiez ce succès. Pour vous montrer notre engagement, nous vous offrons une ANALYSE GRATUITE du potentiel locatif de votre propriété. Cette évaluation personnalisée vous fournira des informations inestimables sur la manière dont vous pouvez maximiser vos rendements et élever votre entreprise de location de vacances de luxe vers de nouveaux sommets.

Contactez-nous dès maintenant au 1 (833) 335-2583 ou à partenaire@reserver.ca pour élever votre jeu de location à un niveau supérieur. Laissez-nous vous montrer comment nous pouvons vous aider à atteindre un succès inégalé sur le marché de la location de propriété de vacances.

Alors que vous vous lancez dans ce voyage avec nous, nous vous encourageons à absorber les connaissances contenues dans ces pages, à mettre en œuvre les stratégies que nous partageons et à saisir les opportunités qui se présentent. Nous sommes dévoués à votre réussite et nous sommes impatients de faire partie de votre parcours vers un succès inégalé sur le marché de la location de vacances.

Bienvenue dans un monde de propriété de vacances en location, de succès et d'expériences inoubliables.

Les auteurs et l'équipe de Reserver.ca

SOMMAIRE

INTRODUCTION :

LE MARCHÉ DE LA LOCATION DE MAISON DE PRESTIGE

Bienvenue dans le monde de la location de maison de vacance ! En tant que gestionnaire et propriétaire de résidences de prestige, j'ai eu l'occasion unique de découvrir le secteur des deux côtés, et je suis ravi de partager mes connaissances et mon expertise avec ceux qui cherchent à transformer leur résidence en une entreprise rentable.

Le marché de location de propriété a connu une croissance significative ces dernières années, de plus en plus de personnes choisissant d'investir dans des biens immobiliers haut de gamme afin de générer des revenus et de créer une activité rentable. Si vous avez la chance de posséder une propriété de luxe et que vous cherchez à la partager et à en tirer profit tout en veillant à ce que votre propriété soit bien entretenue et accessible quand vous le souhaitez, ce livre est fait pour vous.

En tant que gestionnaire de propriété en location court terme, j'ai eu le plaisir de travailler avec certaines des résidences les plus belles et les plus prestigieuses du monde. J'ai vu de mes propres yeux ce qu'il faut faire pour créer et gérer une entreprise de location de résidences de luxe prospère. Il faut des connaissances, de la stratégie et du dévouement pour créer une entreprise prospère et rentable.

Dans ce livre, nous aborderons un large éventail de sujets, notamment comment définir les arguments de vente uniques de la propriété, étudier les caractéristiques démographiques et les préférences de voyage du marché cible, commercialiser la propriété de manière efficace et créer une expérience client de premier ordre. Nous discuterons également de l'importance de bâtir une solide réputation et de maintenir des critiques positives, ainsi que des conseils sur la façon d'augmenter le taux d'occupation et de maximiser les revenus.

L'un des aspects les plus importants de la création d'une entreprise de location de vacances de luxe réussie est d'attirer uniquement les meilleurs clients, de recevoir des commentaires 5 étoiles et de maximiser la rentabilité, tout en veillant à ce que la propriété soit bien entretenue et accessible au propriétaire quand il le souhaite. Je vous apprendrai à identifier votre marché cible et à répondre à ses préférences et à ses besoins, à créer une expérience mémorable pour vos clients et à utiliser le marketing et la promotion de manière efficace.

Vous apprendrez comment créer une annonce irrésistible, comment fixer un prix compétitif pour votre propriété et comment utiliser la technologie et l'automatisation pour rendre la gestion de votre propriété plus efficace. Vous apprendrez également l'importance de la communication avec les clients et de la qualité du service à la clientèle, ainsi que des conseils pour gérer les situations difficiles et les plaintes.

Nous aborderons également les aspects juridiques et financiers importants de la possession et de la location d'une résidence de luxe. Il s'agira notamment de comprendre les implications fiscales, les exigences en matière d'assurance et les réglementations locales. En outre, nous verrons comment mettre en place un contrat de location légal et transparent, et comment gérer les litiges ou les problèmes juridiques qui peuvent survenir.

Ce livre est destiné aux propriétaires de propriétés de luxe et aux gestionnaires de propriétés de vacances de luxe qui cherchent à transformer leur propriété en une activité rentable. Il s'agit d'un guide complet qui couvre tous les aspects de la création et de la gestion d'une entreprise de location de propriété. Grâce aux idées, aux stratégies et aux conseils fournis dans ce livre, vous serez en mesure de créer une entreprise prospère et rentable, tout en veillant à ce que votre propriété soit bien entretenue et accessible quand vous le souhaitez.

En conclusion, gérer une résidence de luxe en location peut être un excellent moyen de gagner de l'argent tout en profitant de votre bien immobilier. En comprenant votre marché cible et ses préférences, et en créant une expérience mémorable, vous pouvez attirer les bons clients et obtenir des commentaires 5 étoiles. Vous devez également vous assurer que votre propriété est bien entretenue et accessible. Avec les bonnes stratégies et les bonnes connaissances, vous pouvez créer une entreprise de location de vacances de luxe prospère et rentable.

Améliorez le potentiel de gain de votre bien immobilier de luxe et garantissez une expérience de location sans faille avec l'aide de notre équipe d'experts. Nos solutions sur mesure répondent à vos besoins spécifiques, qu'il s'agisse d'une consultation ponctuelle ou d'un service complet. Ne manquez pas la chance de devenir notre partenaire pour maximiser le potentiel de revenu de votre propriété et offrir à vos invités une expérience inoubliable.

Un fait peu connu

Un fait peu connu sur le marché de la Location de propriété est que de nombreuses résidences haut de gamme sont désormais utilisées pour des événements et des occasions spéciales, tels que des mariages, des retraites d'entreprise et des fêtes privées. Cette tendance est connue sous le nom de "locations événementielles" et devient un moyen de plus en plus populaire pour les propriétaires de biens immobiliers de luxe de générer des revenus supplémentaires et de tirer le meilleur parti de leur propriété. La location d'événements permet aux propriétaires d'obtenir des tarifs plus élevés et d'attirer un autre type de clientèle. Cela permet d'augmenter le taux d'occupation du bien et de créer une nouvelle source de revenus.

1.

IDENTIFIER ET ANALYSER
LE MARCHÉ CIBLE

Définir les arguments de vente uniques du bien immobilier

Lorsqu'il s'agit de la location de votre propriété, il est important de se rappeler que ce qui rend votre établissement exceptionnel le différencie des autres ! Il peut s'agir de quelque chose d'aussi simple qu'une vue imprenable sur l'océan, une cheminée confortable, un spa luxueux ou une piscine privée. Prenez le temps de vous promener dans votre propriété et de dresser une liste de toutes les choses qui la rendent spéciale et qui feront que vos invités se sentiront les bienvenus et seront ravis d'y séjourner.

Maintenant que vous avez dressé la liste de tous les aspects uniques et particuliers de votre propriété, il est temps de réfléchir à la manière dont vous pouvez les mettre en valeur auprès de vos clients potentiels. Par exemple, si votre propriété possède un magnifique jardin, vous pouvez le mettre en valeur en prenant de superbes photos et en les présentant dans votre annonce ou sur votre site web. Vous pouvez également envisager d'offrir aux clients la possibilité d'utiliser le jardin pendant leur séjour.

Il est important de se rappeler que tout le monde n'est pas intéressé par les mêmes choses lorsqu'il s'agit de location de logements de vacances. C'est pourquoi il est important de réfléchir aux types de clients que votre propriété intéressera le plus. Par exemple, si votre propriété est située dans une ville animée, elle peut convenir parfaitement aux voyageurs d'affaires qui ont besoin d'un endroit confortable où séjourner lorsqu'ils sont en déplacement. En revanche, si votre propriété est située dans une zone rurale isolée, elle peut être idéale pour les couples ou les familles à la recherche d'une escapade paisible. En comprenant vos clients cibles et les arguments de vente uniques de votre propriété, vous serez en mesure de la commercialiser d'une manière qui leur plaira.

En suivant ces étapes, vous serez en mesure de créer une stratégie de marketing qui mettra efficacement en valeur les meilleures caractéristiques de votre propriété et attirera vos clients cibles. De plus, vous serez en mesure de vous assurer que vos clients passent un excellent séjour, et qu'ils seront plus enclins à laisser un bon commentaire et à revenir !

Recherche de données démographiques sur le marché cible

Lorsqu'il s'agit d'attirer des clients dans votre location de vacances de luxe, il est essentiel de comprendre les caractéristiques démographiques de votre marché cible. Les données démographiques comprennent des éléments tels que l'âge, le revenu, la situation familiale et la profession. En comprenant ces facteurs, vous serez en mesure d'adapter vos efforts de marketing pour attirer le groupe spécifique de personnes qui sont les plus susceptibles de réserver un séjour dans votre propriété.

Les données démographiques de votre marché cible peuvent avoir un impact important sur le type de clients qui seront intéressés par votre propriété. Par exemple, si vous ciblez les familles, vous voudrez peut-être mettre l'accent sur des équipements tels qu'une grande cour et une piscine. En revanche, si vous ciblez les voyageurs d'affaires, vous voudrez peut-être mettre l'accent sur des équipements tels qu'un bureau à domicile et l'accès à l'internet à haut débit.

Comprendre l'impact de la démographie sur le type de clients intéressés par votre propriété vous aidera à prendre des décisions éclairées sur les caractéristiques et les équipements que vous proposez.

Une fois que vous aurez bien compris les caractéristiques démographiques de votre marché cible, vous pourrez commencer à adapter votre offre pour attirer ce groupe spécifique de personnes. Vous pouvez par exemple proposer des réductions spéciales aux familles ou aux voyageurs d'affaires, ou mettre l'accent sur les équipements qui intéressent votre marché cible. Par exemple, si vous ciblez les jeunes professionnels, vous pouvez proposer l'accès à l'internet à haut débit et un espace de travail avec un bureau debout. Si vous ciblez les retraités, vous pouvez proposer un tarif réduit pour un séjour plus long et promouvoir la tranquillité et la proximité de votre résidence.

En étudiant les caractéristiques démographiques de votre marché cible et en adaptant votre offre en conséquence, vous serez en mesure d'attirer le type de clients qui sont les plus susceptibles d'apprécier votre propriété. Les clients seront plus heureux et les commentaires plus positifs, ce qui se traduira en fin de compte par une meilleure rentabilité.

Identifier les préférences du marché cible en matière de voyage

En plus de comprendre les caractéristiques démographiques de votre marché cible, il est également important de connaître ses préférences en matière de voyage. Il s'agit notamment du type de vacances qu'ils recherchent, des activités qu'ils préfèrent et du type d'hébergement qu'ils recherchent. En comprenant les préférences de voyage de votre marché cible, vous serez en mesure d'adapter vos efforts de marketing pour attirer les clients qui conviennent le mieux à votre établissement.

Une fois que vous avez bien compris les préférences de votre marché cible en matière de voyage, il est important d'examiner comment elles s'accordent avec le bien immobilier. Par exemple, si votre propriété est située dans une ville animée, elle peut convenir à des clients qui recherchent une expérience de vacances urbaines. En revanche, si votre propriété est située dans une zone rurale isolée, elle conviendra mieux aux clients qui recherchent une escapade plus tranquille et plus paisible. En examinant comment les préférences de voyage de votre marché cible correspondent à votre propriété, vous serez en mesure de créer une stratégie de marketing plus efficace.

Une fois que vous aurez bien compris les préférences de voyage de votre marché cible et la façon dont elles correspondent à votre établissement, vous pourrez commencer à adapter votre offre pour attirer ce groupe spécifique de personnes. Vous pouvez par exemple proposer des forfaits aux clients intéressés par les activités de plein air, ou souligner la proximité de votre établissement avec des attractions touristiques populaires pour les clients à la recherche de vacances plus aventureuses. Vous pouvez également envisager de proposer un service de conciergerie, voire de personnaliser le séjour de vos clients. Par exemple, si vous savez que vos clients sont des gourmets, vous pouvez leur proposer d'organiser un cours privé de cuisine ou de chef pendant leur séjour.

En étudiant et en comprenant les préférences de voyage de votre marché cible, et en adaptant votre offre en conséquence, vous serez en mesure d'attirer le type de clients qui sont les plus susceptibles d'apprécier votre établissement, ce qui se traduira par des clients plus heureux et des commentaires plus positifs, et donc par une plus grande rentabilité.

En résumé

En conclusion, lorsqu'il s'agit de locations de logements de luxe, il est important d'identifier et d'analyser le marché cible. Il s'agit de comprendre qui sont vos clients potentiels et ce qu'ils recherchent dans une location de propriété. En comprenant votre marché cible, vous pouvez rendre votre bien immobilier plus attrayant pour eux en mettant en avant les arguments de vente uniques de votre bien, les équipements et les services qu'il propose, ainsi que les conditions du marché local. Cela vous aidera à attirer les bons clients, à obtenir de bonnes critiques et à gagner plus d'argent.

Un fait peu connu

Un fait peu connu concernant l'identification et l'analyse du marché cible est que de nombreuses locations de luxe ciblent plusieurs segments de marché en même temps. Cela signifie qu'au lieu de cibler un seul groupe d'hôtes, le propriétaire s'efforce d'attirer plusieurs groupes différents en offrant une variété d'équipements et de services qui répondent à des intérêts différents. Par exemple, un établissement situé dans une zone côtière peut offrir non seulement des équipements de plage mais aussi des possibilités de navigation de plaisance et de pêche, ou un établissement situé dans une ville peut offrir non seulement des expériences culturelles mais aussi des équipements d'affaires pour répondre aux besoins des voyageurs d'affaires. En s'adressant à plusieurs segments de marché, le propriétaire peut augmenter ses réservations et son chiffre d'affaires en touchant un public plus large.

Exemple tangible

Supposons que vous soyez propriétaire d'une résidence de luxe située dans la région viticole de la Napa Valley, en Californie. Voici quelques-uns des arguments de vente uniques de la propriété :

- Le domaine dispose d'un grand vignoble sur la propriété, ce qui permet aux hôtes d'explorer les vignes et de s'initier à la vinification.
- La propriété dispose d'un chef privé sur place qui peut cuisiner des repas gastronomiques pour les clients pendant leur séjour.
- La propriété dispose d'une piscine, d'un bain à remous et d'un sauna, qui offrent aux clients la possibilité de se détendre et de se relaxer.

Pour commercialiser ces arguments de vente uniques, vous pouvez les mettre en évidence dans votre annonce et sur votre site web. Par exemple, vous pouvez inclure des photos du vignoble dans votre annonce et sur votre site web, et mettre l'accent sur la possibilité pour les clients d'explorer les vignes et de s'initier à la vinification. Vous pouvez également mettre en avant le service de chef privé et proposer des forfaits comprenant des repas gastronomiques. Vous pouvez également inclure des photos de la piscine, du bain à remous et du sauna, et mettre l'accent sur la possibilité pour les clients de se détendre et de se relaxer pendant leur séjour.

En mettant en avant ces arguments de vente uniques, vous serez en mesure d'attirer des clients désireux de découvrir la région viticole, des gourmets ou des personnes à la recherche d'une escapade relaxante. En outre, vous pouvez organiser des dégustations de vins, des visites de vignobles et des cours d'œnologie, ce qui permettra aux clients de découvrir les atouts de votre propriété de manière plus interactive.

D'une manière générale, en mettant en avant les atouts de votre propriété, vous pourrez attirer les bons clients et augmenter vos chances d'obtenir des réservations haut de gamme et des commentaires 5 étoiles.

Voici un autre exemple

Supposons que vous possédiez une location de propriété sur la côte du Costa Rica, avec une vue imprenable sur l'océan. Voici quelques-uns des arguments de vente uniques de cette propriété :

- La propriété a un accès direct à une plage isolée et privée, ce qui permet aux clients de profiter des eaux tropicales chaudes et des plages de sable blanc dans un environnement plus isolé.
- La propriété dispose d'une cuisine extérieure entièrement équipée, ce qui permet aux clients de profiter des repas en plein air tout en profitant de la magnifique vue sur l'océan.
- La propriété dispose d'une terrasse sur le toit avec un jacuzzi, qui offre aux clients la possibilité de se détendre et de se relaxer tout en profitant de la vue panoramique sur l'océan.

Pour commercialiser ces arguments de vente uniques, vous pouvez les mettre en évidence dans votre annonce immobilière et sur votre site web. Par exemple, vous pouvez inclure des photos de la plage privée et insister sur la possibilité pour les clients de profiter de la plage dans un environnement isolé et privé. Vous pouvez également mettre en avant la cuisine extérieure et proposer des forfaits incluant la présence d'un chef cuisinier privé pour préparer les repas des clients. Vous pouvez également prendre de superbes photos de la terrasse sur le toit et du jacuzzi, et mettre l'accent sur la possibilité pour les clients de se détendre et de se relaxer tout en profitant de la vue panoramique sur l'océan.

En mettant en avant ces arguments de vente uniques, vous serez en mesure d'attirer des clients qui recherchent des vacances sur une plage privée et isolée, qui aiment manger en plein air et qui apprécient une belle vue sur l'océan. En outre, vous pouvez envisager de proposer des activités de plage, comme des cours de surf ou de plongée avec tuba, et de les inclure dans le forfait. Vous pouvez également proposer un service de conciergerie pour réserver des visites de la région, y compris des restaurants locaux, et des excursions telles que des randonnées dans la jungle ou des excursions en kayak dans la mangrove.

En général, en mettant en valeur les points de vente uniques de votre propriété, vous serez en mesure d'attirer les bons clients et d'augmenter les chances d'obtenir des réservations haut de gamme et des commentaires 5 étoiles. Ainsi, les clients pourront découvrir le meilleur du paradis tropical du Costa Rica et profiter de vacances mémorables qui offrent un équilibre parfait entre l'aventure, la détente et le plaisir.

Voici des exemples de descriptions que nous pourrions créer

Offrez-vous une expérience unique dans la région des vins dans notre luxueuse retraite viticole de la Napa Valley ! Nichée au cœur de la célèbre région viticole de Californie, notre propriété offre un mélange unique d'élégance, de tranquillité et d'aventure.

Imaginez que vous vous réveillez avec une vue à couper le souffle sur les vignes, juste derrière votre fenêtre. En tant qu'invité, vous bénéficierez d'un accès exclusif à notre vignoble privé, où vous pourrez vous promener, en apprendre davantage sur la vinification et déguster certains des meilleurs vins de la région. Imaginez que vous puissiez siroter un verre de délicieux vin local tout en dégustant un pique-nique au milieu des vignes.

Mais ce n'est pas tout, notre propriété a plus à offrir ! Notre chef privé ravira vos papilles avec des repas gastronomiques, adaptés à vos préférences, pendant votre séjour. Laissez-vous tenter par un dîner romantique aux chandelles ou réunissez-vous pour un somptueux festin familial dans notre salle à manger magnifiquement aménagée. Le chef s'occupera de tous vos besoins culinaires, afin que vous puissiez vous concentrer sur l'expérience ultime de la région viticole.

Après une journée de dégustation de vins, détendez-vous dans les installations luxueuses de la propriété, comme la piscine, le bain à remous et le sauna. Imaginez-vous en train de faire trempette dans le jacuzzi sous les étoiles, ou de transpirer les toxines dans le sauna avant de plonger dans la piscine rafraîchissante.

Réservez votre séjour chez nous et offrez-vous une escapade inoubliable dans la région viticole. Avec son cadre idyllique, ses équipements de classe mondiale et son accès exclusif au vignoble, notre propriété offre une expérience de vacances vraiment unique et irrésistible. Ne manquez pas cette occasion de vous offrir le luxe, l'aventure et la tranquillité en un seul lieu.

Et

Évadez-vous au paradis dans notre luxueuse villa au bord de l'océan au Costa Rica ! Notre propriété offre un mélange unique d'élégance, de tranquillité et d'aventure grâce à son accès direct à une plage privée et isolée, où vous pourrez profiter des eaux tropicales chaudes et des plages de sable blanc dans un environnement plus intime et exclusif.

Imaginez-vous en train de siroter une boisson tropicale rafraîchissante en vous prélassant sur la plage, ou de sentir la brise fraîche en vous promenant sur la plage. Vous pourriez même profiter d'un dîner romantique tout en admirant la vue sur l'océan depuis la cuisine extérieure entièrement équipée.

Mais le luxe de la propriété ne s'arrête pas là ! Notre terrasse sur le toit avec jacuzzi offre une vue panoramique sur l'océan, parfaite pour regarder le coucher de soleil, observer les étoiles ou simplement se détendre tout en profitant du climat chaud du Costa Rica.

Réservez votre séjour avec nous et offrez-vous des vacances inoubliables à la plage. Avec son cadre idyllique, ses équipements de classe mondiale et son accès exclusif à la plage privée, notre propriété offre une expérience de vacances vraiment unique et irrésistible. Ne manquez pas cette occasion de vous offrir le luxe, l'aventure et la tranquillité en un seul lieu. Notre service de conciergerie est toujours disponible pour répondre à vos besoins ou à vos désirs, qu'il s'agisse de réserver un restaurant ou d'organiser des visites de la région, y compris des randonnées dans la jungle et des excursions en kayak dans la mangrove.

2.

CHOISIR LE BON EMPLACEMENT POUR LA LOCATION DE VOTRE PROPRIÉTÉ

Lorsqu'il s'agit de locations de luxe pour les vacances, l'emplacement est primordial ! En tant que propriétaire, vous avez l'avantage de pouvoir choisir l'emplacement idéal pour votre propriété et de tirer le meilleur parti de son potentiel. Dans ce chapitre, nous allons discuter de l'importance de choisir le bon emplacement pour votre location de propriété et vous fournir quelques conseils et stratégies clés pour tirer le meilleur parti de l'emplacement de votre propriété.

Analyse des conditions et des tendances du marché local

La première étape du choix de l'emplacement de votre propriété consiste à analyser les conditions et les tendances du marché local. Il s'agit notamment d'étudier le tourisme, la valeur des propriétés et la demande de locations de luxe dans la région. En comprenant le marché local, vous serez en mesure d'identifier les facteurs clés qui auront un impact sur l'attrait et la rentabilité de la propriété. Comprendre les tendances du marché peut également vous aider à identifier votre public cible, la haute saison de la demande et les différents segments du marché.

Vous pouvez commencer par rechercher des données sur le tourisme local afin de connaître le nombre de touristes qui visitent la région et les types d'activités qui les intéressent. Cela peut vous donner une idée du type de clients susceptibles d'être intéressés par votre propriété et des choses qu'ils recherchent dans une location de vacances. Par exemple, si votre propriété est située dans une région côtière, il est probable que les activités liées à la plage, telles que la natation et les sports nautiques, seront populaires parmi les clients.

Vous pouvez également vous renseigner sur la valeur des biens immobiliers dans la région pour vous faire une idée du marché immobilier local. Examinez les prix des biens, les taux d'occupation moyens et d'autres facteurs susceptibles d'influer sur la rentabilité du bien. Ces informations peuvent vous donner une idée de la concurrence dans la région et de ce que vous pouvez faire pour vous démarquer.

Un autre aspect important de l'analyse du marché local est la compréhension de la demande de locations de luxe dans la région. L'étude du nombre de locations de vacances de luxe dans la région, des taux d'occupation et des tarifs journaliers moyens peut vous donner une idée de ce à quoi vous pouvez vous attendre en termes de réservations et de revenus. En outre, cela peut vous aider à comprendre quels types d'équipements et de services les clients recherchent dans une location de propriété.

Bénéficier des avantages de l'emplacement du bâtiment

Une fois que vous avez analysé le marché local, l'étape suivante consiste à évaluer comment l'emplacement de la propriété peut être utilisé pour attirer des types spécifiques de clients. Prenez le temps d'identifier les arguments de vente uniques de votre établissement et réfléchissez à la manière dont vous pouvez les mettre en valeur dans votre marketing et vos promotions. Par exemple, si votre établissement est situé dans un quartier historique avec des sites culturels ou architecturaux importants, vous pouvez en tirer parti en créant une expérience unique pour les clients, avec des visites guidées ou d'autres activités qui mettent en valeur l'histoire et la culture de la région.

En outre, tirer parti de l'emplacement de la propriété peut également signifier penser à des services supplémentaires qui peuvent être fournis. Par exemple, si votre propriété est située en bord de mer, vous devrez mettre en évidence la proximité de la plage dans votre annonce. Vous pouvez également envisager d'offrir des services supplémentaires, comme la mise à disposition de parasols et de chaises longues, ou un service de navette vers la plage. Ces petites attentions peuvent aider la propriété à se démarquer et à offrir aux clients une expérience plus mémorable.

Optimiser l'accessibilité et les équipements

La dernière étape du choix de l'emplacement de votre location de propriété consiste à optimiser l'accessibilité et les commodités de la propriété. Il s'agit notamment d'évaluer la proximité de la propriété par rapport aux aéroports, aux gares, aux transports en commun et aux attractions locales. Le fait d'offrir aux clients un accès facile aux transports et aux destinations touristiques populaires peut contribuer à rendre la propriété plus attrayante. En outre, réfléchissez à la manière dont vous pouvez améliorer l'expérience du client en lui donnant accès à des équipements tels qu'une salle de sport, un spa, une piscine privée ou un service de conciergerie. Ces services peuvent aider la propriété à se démarquer et à offrir aux clients une expérience plus luxueuse et plus pratique.

Un autre aspect important à prendre en compte est celui des services de transport pour les clients. Proposer des services de transfert depuis l'aéroport ou de location de voitures peut non seulement rendre l'expérience des clients plus pratique, mais aussi accroître l'attrait de la propriété.

En suivant ces conseils, vous serez en mesure de choisir le bon emplacement pour votre location de vacances de luxe et de tirer le meilleur parti du potentiel de votre propriété. N'oubliez pas que l'emplacement est essentiel lorsqu'il s'agit de locations de vacances de luxe. En choisissant le bon emplacement, vous serez en mesure d'attirer les bons clients, de recevoir d'excellentes critiques et de maximiser la rentabilité de votre propriété. Il s'agit avant tout de proposer une expérience qui non seulement réponde aux attentes des clients, mais les dépasse, en leur offrant une expérience luxueuse, pratique et inoubliable.

Résumé

En guise de conclusion, lorsqu'il s'agit de locations de vacances de luxe, l'emplacement est très important. En comprenant le marché local, en tirant parti des avantages de l'emplacement de la propriété et en optimisant l'accessibilité et les équipements, vous pouvez tirer le meilleur parti du potentiel de votre propriété. Cela vous aidera à attirer les bons clients, à obtenir de bonnes critiques et à gagner plus d'argent. N'oubliez pas qu'il s'agit avant tout d'offrir à vos clients une expérience luxueuse, pratique et inoubliable !

Un fait peu connu

Un fait peu connu concernant le choix de l'emplacement de votre location de vacances de luxe est que la proximité des sites naturels et des activités de plein air peut être tout aussi importante que la proximité des grandes villes et des destinations touristiques. Les propriétés situées à proximité de sentiers de randonnée, de parcs nationaux ou d'autres attractions naturelles sont très recherchées par les clients qui souhaitent pratiquer des activités de plein air pendant leur séjour. En mettant en avant ces sites naturels proches dans votre marketing et vos promotions, vous pouvez attirer un type de client différent, intéressé par les aventures en plein air et la nature.

Exemples tangible

Un propriétaire possède une location de propriété dans les montagnes du Colorado. Au lieu de se concentrer uniquement sur la proximité d'une ville ou d'une station de ski, il décide de mettre l'accent sur la proximité d'un parc national populaire et de sentiers de randonnée. Le propriétaire met en avant le parc et les sentiers de randonnée dans son matériel de marketing et fournit à ses clients des cartes détaillées des sentiers, ainsi que des informations sur les randonnées guidées par un guide local. Le propriétaire propose également des services tels que la location d'équipement de plein air et un service de navette jusqu'au point de départ du sentier. En mettant en avant les activités de plein air disponibles dans la région, le propriétaire est en mesure d'attirer un type de client différent, à la recherche d'une expérience unique d'aventure en plein air.

Un autre exemple tangible

Un propriétaire possède une villa de luxe en Toscane, en Italie. Au lieu de mettre l'accent sur la situation de la propriété au cœur de la Toscane, le propriétaire décide de mettre l'accent sur la proximité de la villa avec une région viticole renommée. Il présente la villa comme un lieu idéal pour les amateurs de vin. Il propose à ses clients des dégustations de vins dans les vignobles voisins et crée également un menu d'accords avec les vins locaux. En outre, le propriétaire propose des cours de cuisine avec des chefs locaux qui mettent l'accent sur l'utilisation d'ingrédients locaux et de saison. L'établissement propose également une location gratuite de vélos pour explorer la campagne environnante. En mettant en avant la riche culture culinaire et vinicole de la région dans ses offres, le propriétaire est en mesure d'attirer un type différent de clients intéressés par la nourriture et le vin.

La description que nous ferions

Évadez-vous dans notre luxueuse retraite de montagne, nichée au cœur des merveilles naturelles du Colorado. Notre établissement offre des vues à couper le souffle et un accès direct aux meilleurs sentiers de randonnée de la région, y compris le célèbre parc national situé à quelques pas. Profitez des randonnées guidées par un expert local, de la location gratuite de matériel de plein air et du service de navette jusqu'au point de départ du sentier. Avec toutes ces aventures en plein air et cette beauté naturelle, notre villa est parfaite pour les amoureux de la nature à la recherche d'une escapade inoubliable.

Et

Laissez-vous tenter par le rêve toscan dans notre villa de luxe, nichée au cœur de la célèbre région viticole de Toscane. Dégustez les vins locaux dans les vignobles voisins et savourez une délicieuse cuisine toscane préparée avec des ingrédients locaux, le tout élaboré par nos soins. La villa propose également des cours de cuisine avec des chefs locaux. Grâce à la location gratuite de vélos, vous pourrez explorer la campagne pittoresque, déguster les vins et découvrir les joyaux cachés de la région. Notre villa offre un mélange parfait de luxe, de culture et de gastronomie pour les voyageurs exigeants.

3.

CONSTRUIRE ET CONCEVOIR LA PARFAITE MAISON DE PRESTIGE

Pour créer une location de vacances de luxe, il ne suffit pas d'acheter une belle propriété et de la mettre sur le marché. Pour vous démarquer sur le marché concurrentiel de la location de propriété, vous devez concevoir et construire un espace qui ne se contente pas d'être luxueux, mais qui réponde également aux besoins et aux désirs de votre marché cible. Dans ce chapitre, nous aborderons les principales considérations et stratégies pour construire et concevoir la location de vacances de luxe idéale, même si vous avez déjà acheté une propriété et que vous devez travailler avec ce que vous avez.

Définir les besoins et les désirs du marché cible

La première étape de la construction et de la conception de la location de propriété parfaite consiste à définir les besoins et les souhaits du marché cible. Il s'agit notamment de comprendre les caractéristiques démographiques des clients que vous souhaitez attirer, leurs préférences en matière de voyage et le type d'expérience qu'ils recherchent. En comprenant votre marché cible, vous serez en mesure de concevoir et de construire un espace qui réponde à ses besoins et à ses désirs spécifiques.

Par exemple, si votre marché cible est celui des familles, vous voudrez concevoir et construire un espace qui offre suffisamment de place pour tout le monde et qui propose des équipements tels qu'une piscine et une aire de jeux. Si votre marché cible est celui des voyageurs d'affaires, vous voudrez concevoir et construire un espace qui dispose d'un espace de travail dédié et d'un accès à l'internet à haut débit.

Exploiter les caractéristiques et l'emplacement du bâtiment

Si vous avez déjà acheté un bien immobilier, il est important de tirer parti de ses caractéristiques et de son emplacement. Profitez des caractéristiques naturelles, comme une vue sur l'océan, un lac ou un beau jardin, etc. Et si le bien est situé dans une région à forte activité touristique, par exemple à proximité d'une destination touristique populaire, tirez-en également parti. Utilisez ces caractéristiques pour créer une expérience unique pour vos clients, et faites-le savoir dans votre marketing et vos promotions.

Créer une ambiance luxueuse

La création d'une ambiance luxueuse est la clé de la construction et de la conception d'une location de vacances de luxe parfaite. Pour cela, il faut prêter attention aux détails et utiliser des matériaux et des finitions haut de gamme afin de créer un sentiment de luxe et de sophistication. En outre, il faut tenir compte du type d'éclairage, des textures et de l'agencement de l'espace, tous ces éléments pouvant améliorer l'ambiance générale et l'atmosphère de la propriété.

Intégrer des équipements modernes

L'intégration d'équipements modernes est essentielle dans la construction et la conception d'une location de vacances de luxe parfaite. Il s'agit notamment de fournir aux clients une connexion Internet à haut débit, une technologie de maison intelligente et d'autres commodités modernes qui sont attendues dans une location de propriété. En outre, pensez à incorporer des touches supplémentaires telles qu'une piscine privée, un spa ou un centre de remise en forme pour offrir à vos hôtes un niveau de luxe et de confort supplémentaire.

Maximiser le potentiel de la propriété

Enfin, lors de la construction et de la conception de la location de propriété idéale, il est important de maximiser le potentiel de la propriété. Il s'agit notamment d'identifier les zones de la propriété qui pourraient être utilisées plus efficacement ou de trouver des moyens d'ajouter des sources de revenus supplémentaires, par exemple en offrant des services de conciergerie ou en organisant des événements sur la propriété. En optimisant le potentiel de la propriété, vous serez en mesure d'augmenter ses revenus potentiels et d'offrir une expérience encore meilleure à vos clients.

En conclusion, la construction et la conception d'une location de vacances de luxe parfaite est un aspect important de la réussite d'une location de propriété. En comprenant votre marché cible, en tirant parti des caractéristiques et de l'emplacement de la propriété, en créant une ambiance luxueuse, en incorporant des équipements modernes et en maximisant le potentiel de la propriété, vous serez en mesure de créer une propriété qui se démarque vraiment sur le marché et qui plaît à vos clients cibles. En vous concentrant sur ces éléments clés, vous serez en mesure d'augmenter vos revenus potentiels, d'offrir une expérience inoubliable à vos clients et, en fin de compte, d'atteindre l'objectif de devenir un propriétaire de location de vacances de luxe prospère.

Un fait peu connu

Un fait peu connu concernant la construction et la conception d'une location de vacances de luxe parfaite est l'importance d'utiliser des pratiques durables et d'incorporer des éléments respectueux de l'environnement. Cela permet non seulement de réduire l'impact de la propriété sur l'environnement, mais aussi d'attirer les clients qui recherchent des options de voyage durables et responsables. Il s'agit notamment d'installer des appareils électroménagers économes en énergie, d'utiliser des matériaux non toxiques et naturels, et de veiller à ce que la conception générale de la propriété soit cohérente avec la culture locale, par exemple en faisant appel à des artisans locaux pour l'ameublement et la décoration. En mettant en œuvre des pratiques durables, une location de vacances de luxe peut non seulement attirer des clients soucieux de l'environnement, mais aussi économiser de l'argent sur les coûts d'exploitation et se positionner comme une entreprise socialement responsable.

Exemple tangible

Une villa en bord de mer dans les Caraïbes a été conçue et construite en mettant l'accent sur la vie à l'intérieur et à l'extérieur et sur l'élégance tropicale. Les propriétaires ont utilisé des matériaux naturels tels que le teck et le bambou pour créer un sentiment de chaleur et d'harmonie avec l'environnement. La propriété dispose d'une grande piscine à débordement avec une vue magnifique sur l'océan, et de nombreux espaces de vie extérieurs, parfaits pour recevoir et se détendre.

Pour maximiser le potentiel de la propriété, les propriétaires ont également intégré des équipements modernes tels qu'une cuisine gastronomique, l'Internet à haut débit et la technologie de la maison intelligente. Ils ont également ajouté une salle de jeux et une salle de cinéma au sous-sol de la propriété pour attirer les familles et les amis qui voyagent ensemble. En outre, la propriété dispose d'un concierge à temps plein et d'un chef privé, qui peut être engagé pour cuisiner pour les clients pendant leur séjour, ce qui ajoute un niveau supplémentaire de luxe et de commodité pour les clients.

La propriété dispose également d'un embarcadère privé où les clients peuvent faire des excursions en bateau ou louer un bateau pour naviguer sur la mer des Caraïbes. Cela rend la propriété unique et donne une perspective différente de l'environnement.

Ils ont également ajouté une salle de jeux et une salle de cinéma au sous-sol de la résidence. Dans l'ensemble, les propriétaires de cette location de propriété ont réussi à créer une ambiance luxueuse et à maximiser le potentiel de la propriété en mettant l'accent sur les matériaux naturels, les équipements modernes, les sources de revenus supplémentaires et les expériences uniques pour les clients.

Une description que nous créerions pour votre propriété de vacances

Évadez-vous au paradis dans notre luxueuse villa en bord de mer. Profitez d'une vie intérieure-extérieure à son meilleur avec des vues époustouflantes sur l'océan depuis votre piscine privée à débordement, de multiples espaces de vie extérieurs et des matériaux naturels dans toute la propriété qui créent un sentiment de chaleur et d'harmonie avec le milieu environnant. Dotée d'un concierge à temps plein et d'un chef privé, et équipée d'installations modernes telles qu'une cuisine gastronomique, une connexion Internet haut débit et une technologie domestique intelligente, la propriété promet de rendre vos vacances dans les Caraïbes inoubliables. Et si vous voulez quelque chose de différent, vous pouvez faire une excursion en bateau ou louer un bateau pour naviguer sur la mer des Caraïbes, ce qui ajoute un niveau supplémentaire de luxe et de commodité pour les clients.

4.

PRENDRE DES PHOTOS CAPTIVANTES ET ÉMOUVANTES DE VOTRE APPARTEMENT DE LUXE EN LOCATION VACANCES

Pour promouvoir et louer une propriété de luxe, il faut la présenter sous son meilleur jour afin d'attirer des clients potentiels et de générer des réservations. Toutefois, il ne suffit pas de présenter les caractéristiques et les équipements de la propriété pour se démarquer sur le marché hautement concurrentiel d'aujourd'hui. Pour capter l'attention des clients potentiels et créer un lien émotionnel avec eux, il est essentiel de créer des photos vivantes et visuellement percutantes qui donnent envie de se trouver à cet endroit.

L'une des façons de créer des photos vivantes et visuellement frappantes est de s'inspirer d'Instagram, qui est connu pour sa plateforme axée sur l'aspect visuel. Pour ce faire, utilisez une combinaison de lumière naturelle, de couleurs vives et d'angles uniques pour créer un sentiment de mouvement et d'énergie dans vos photos. En outre, pensez à incorporer des éléments tels que des personnes, des animaux ou des activités pour créer un sentiment de vie et d'activité dans vos photos.

Un autre aspect important est de s'attacher à capturer le luxe et l'exclusivité de votre propriété. Il peut s'agir de mettre en valeur des finitions haut de gamme, un mobilier luxueux et des équipements haut de gamme. Utilisez les photos pour créer un sentiment de plaisir, de chouchoutage et de détente. L'essentiel est de présenter la propriété comme un véritable lieu d'évasion, un endroit où l'on peut s'éloigner de la routine quotidienne et s'offrir du luxe.

Il est également important de prendre des photos de la propriété à différents moments de la journée, afin de donner aux clients potentiels une idée des différentes expériences qu'ils peuvent vivre dans la propriété, comme profiter d'un lever ou d'un coucher de soleil au bord de la piscine, ou d'un dîner romantique sur la terrasse. En outre, prendre des photos de l'intérieur et de l'extérieur de la propriété à différentes saisons et pendant les vacances peut également créer un lien émotionnel avec les clients.

Lorsque vous prenez des photos, utilisez une variété d'angles et de perspectives pour donner aux clients potentiels une compréhension complète de l'espace. Il peut s'agir de photos grand angle de l'ensemble de la pièce, de gros plans de caractéristiques et d'équipements uniques, et de photos d'espaces extérieurs tels que la piscine, la terrasse ou le patio. En outre, pensez à intégrer différents formats de photos, tels que des boomerangs, des vidéos et des panoramas, afin de créer une impression de mouvement et d'énergie.

Enfin, comme toujours, il est essentiel de faire appel à un photographe professionnel. Un photographe professionnel aura l'expérience, les compétences et l'équipement nécessaires pour prendre des photos qui mettent en valeur non seulement les caractéristiques et les équipements de la propriété, mais aussi les émotions que vous souhaitez transmettre. Il comprendra également l'esthétique et le style d'Instagram, ce qui vous aidera à obtenir ce look vivant et visuellement frappant dans vos photos.

En résumé, capturer des photos vivantes et suscitant l'émotion de votre location de propriété est crucial pour attirer des clients potentiels et générer des réservations. En vous inspirant d'Instagram et en utilisant une combinaison de lumière naturelle, de couleurs vives et d'angles uniques, en mettant en valeur le luxe et l'exclusivité, en capturant différents moments de la journée, en utilisant une variété d'angles et de perspectives, en incorporant différents formats de photos et en faisant appel à un photographe professionnel, vous pouvez créer des photos visuellement frappantes qui évoquent une connexion émotionnelle avec les invités potentiels et leur donnent envie d'être à cet endroit en ce moment même.

5.

METTRE SUR PIED UNE STRATÉGIE DE TARIFICATION ET DE RÉSERVATION

Lorsqu'il s'agit de louer votre propriété de luxe, l'un des aspects les plus importants à prendre en compte est la stratégie de tarification et de réservation. C'est ainsi que vous déterminerez le prix de votre propriété, le moment où il convient de le majorer ou de le minorer, et que vous vous assurerez de remplir votre calendrier avec les bons clients. Dans ce chapitre, nous aborderons les principales considérations et stratégies à prendre en compte pour fixer le prix et réserver votre bien de location de propriété.

Étudier le marché et fixer des tarifs compétitifs

La première étape de la mise en place d'une stratégie de tarification et de réservation consiste à étudier le marché et à fixer des tarifs compétitifs. Il s'agit notamment d'étudier les tarifs d'établissements similaires dans la région et de prendre en compte des facteurs tels que la saison, les taux d'occupation et tout événement spécial susceptible d'influer sur la demande. En comprenant le marché, vous serez en mesure de fixer des tarifs compétitifs et attractifs pour les clients potentiels.

Utilisation de la tarification dynamique

Pour maximiser votre potentiel de revenus, vous devriez également envisager d'utiliser la tarification dynamique. Il s'agit d'une stratégie qui consiste à ajuster vos tarifs en fonction de la demande, dans le but de remplir votre calendrier et de maximiser vos revenus. Par exemple, vous pouvez appliquer des tarifs plus élevés pendant la haute saison et des tarifs plus bas pendant la basse saison. Vous pouvez également utiliser des outils qui vous aident à ajuster les prix en fonction du taux d'occupation et du jour de la semaine.

Offres spéciales et remises

Un autre moyen de remplir votre calendrier et d'attirer des clients potentiels est de proposer des offres spéciales et des réductions. Il peut s'agir d'offres de dernière minute, de réductions pour les lève-tôt ou de réductions pour les séjours de longue durée. En outre, vous pouvez envisager de proposer des compléments et des forfaits, tels qu'un service de conciergerie ou un chef cuisinier privé, afin d'améliorer l'expérience des clients et d'augmenter vos revenus.

Utiliser les agences de voyage en ligne

Les agences de voyage en ligne (OTA) telles que Airbnb, VRBO et Booking.com peuvent être un excellent moyen d'accroître la visibilité de votre propriété et d'atteindre un public plus large. En inscrivant votre propriété sur ces plateformes, vous pourrez profiter de leur vaste base de clients et atteindre des clients potentiels que vous n'auriez peut-être pas pu atteindre autrement. Toutefois, sachez qu'en inscrivant votre propriété sur ces plateformes, vous devrez payer une commission pour chaque réservation.

Créer une stratégie de marketing et de promotion solide

Enfin, il est important de créer une solide stratégie de marketing et de promotion pour vous aider à remplir votre calendrier. Il s'agit notamment d'utiliser les réseaux sociaux, le marketing par courriel et d'autres canaux de marketing numérique pour promouvoir votre propriété et atteindre des clients potentiels. En outre, créez votre propre site web et veillez à ce qu'il soit professionnel et convivial, afin de mettre en valeur votre propriété et d'offrir aux clients potentiels une expérience de réservation transparente.

En conclusion, l'établissement d'une stratégie de tarification et de réservation est un aspect essentiel de la réussite de la location d'une maison de prestige.

Guide étape par étape

Étape 1 : Étudier le marché

- Utilisez des outils tels que AirDNA, pour analyser des propriétés comparables dans votre région afin de déterminer un taux de base approprié pour votre propriété.

- Tenez compte de considérations supplémentaires telles que la saison, les niveaux d'occupation et les événements spéciaux qui se déroulent dans la région.

- Étudier la demande et les taux d'occupation à différentes périodes de l'année et de la semaine pour comprendre quand ajuster votre tarification.

Étape 2 : Utiliser la tarification dynamique

- Utiliser des outils de tarification dynamique tels que Beyond Pricing, PriceLabs pour ajuster vos tarifs en fonction de la demande.

- Augmentez les tarifs pendant les saisons de pointe et diminuez les tarifs pendant les saisons intermédiaires.

- Envisager d'ajuster les tarifs en fonction du jour de la semaine.

Étape 3 : Proposer des offres spéciales et des réductions

- Utiliser des outils tels que Rentals United ou Kigo pour créer des offres spéciales, des forfaits et des réductions.

- Utilisez des outils tels que Reservation Key ou Bókun pour créer des forfaits, tels qu'un service de conciergerie ou des soins de spa, afin d'augmenter les revenus.

- Recherchez et alignez votre stratégie sur les événements et les fêtes qui se déroulent dans votre région.

Étape 4 : Utiliser les agences de voyage en ligne (OTA)

- Inscrire votre propriété sur des sites OTA populaires tels que Airbnb, VRBO et Booking.com.
- Optimisez vos annonces avec des photos professionnelles et des descriptions détaillées pour vous démarquer de la concurrence.
- Soyez conscient des frais et des commissions des OTA

Étape 5 : Élaborer une solide stratégie de marketing et de promotion

- Utilisez des constructeurs de sites web comme Wix ou Squarespace pour créer un site web pour votre propriété qui soit professionnel et convivial.
- Utilisez les médias sociaux et les outils de marketing par courriel tels que MailChimp ou Constant Contact pour atteindre les clients potentiels.
- Répondez rapidement aux demandes de renseignements et aux réservations.

Étape 6 : Réviser et affiner votre stratégie

- Utilisez des outils tels que Hostfully ou OwnerRez pour surveiller le taux d'occupation et les revenus de votre propriété.

- Examinez et ajustez en permanence votre stratégie de tarification et de réservation afin d'optimiser vos revenus.

- Soyez ouvert aux commentaires de vos hôtes et essayez de répondre à leurs besoins à l'aide d'outils tels que GuestRevu ou TrustYou.

En suivant ce guide étape par étape, vous serez en mesure d'établir une stratégie de tarification et de réservation adaptée à votre établissement et aux conditions du marché local, dans le but de maximiser vos revenus, de remplir votre calendrier avec les bons clients et d'offrir une excellente expérience à vos clients.

Gardez à l'esprit qu'il existe de nombreux outils et entreprises différents pour vous aider à établir votre stratégie de tarification et de réservation, il est donc important de faire des recherches et de trouver ceux qui répondent le mieux à vos besoins. En outre, ces outils et sociétés sont susceptibles d'évoluer et d'avoir de nombreuses alternatives, il est donc important de continuer à chercher les meilleures options qui peuvent vous aider dans la gestion de votre propriété. En outre, il est important de se rappeler que l'établissement d'une stratégie de tarification et de réservation est un processus continu qui nécessite un contrôle, un ajustement et un affinement permanents, de sorte que vous devez être prêt à adapter votre stratégie si nécessaire et à continuer à améliorer vos pratiques de gestion immobilière.

6.

COMMERCIALISATION ET PUBLICITÉ DE LA LOCATION VOTRE PROPRIÉTÉ

Le marketing et la publicité de votre location de vacances de luxe sont essentiels pour s'assurer qu'elle est vue par le bon public et qu'elle remplit efficacement votre calendrier de réservations. Que vous débutiez ou que vous soyez dans le métier depuis un certain temps, il est important d'évaluer et d'ajuster en permanence vos stratégies de marketing et de publicité pour vous assurer qu'elles touchent le bon public et qu'elles génèrent les meilleurs résultats.

L'une des premières étapes de la commercialisation et de la publicité de votre appartement de luxe est le développement d'une identité de marque. Il s'agit notamment de créer un nom unique et mémorable, un logo et une esthétique générale qui reflètent la personnalité et le cadre de la propriété. La cohérence est essentielle, il est donc important d'utiliser cette marque sur toutes les plateformes, y compris votre site web, les médias sociaux et les documents imprimés.

Les plateformes de réseaux sociaux telles que Facebook, Instagram et Twitter sont des outils puissants pour atteindre un large public et entrer en contact avec des hôtes potentiels. Il est important d'utiliser des images et des vidéos de haute qualité pour présenter votre propriété et donner une idée de ce à quoi les clients peuvent s'attendre. Partagez des informations pertinentes sur votre établissement et la région, telles que les événements et activités à venir. Veillez également à interagir avec les personnes qui vous suivent, en répondant rapidement aux commentaires et aux messages.

Il est indispensable d'avoir un site web, car il s'agit souvent du premier point de contact pour les clients potentiels. Veillez à ce que votre site soit professionnel et convivial, avec une navigation claire et des informations faciles à trouver. L'optimisation de votre site web pour les moteurs de recherche augmentera sa visibilité et permettra aux clients potentiels de trouver facilement votre propriété.

L'utilisation d'agences de voyage en ligne (OTA) telles que Airbnb, VRBO et Booking.com peut considérablement augmenter la visibilité de votre propriété et atteindre un public plus large. Veillez à optimiser vos annonces avec des photos professionnelles, des descriptions détaillées et des stratégies de prix qui se démarquent de la concurrence.

Le marketing par courrier électronique peut être un outil puissant pour atteindre les clients potentiels. Créez une liste de diffusion de clients potentiels, d'anciens clients et de demandes de renseignements, et envoyez-leur régulièrement des mises à jour et des offres spéciales. Personnalisez vos courriels et veillez à ce qu'ils soient visuellement attrayants et faciles à lire.

La publicité imprimée peut être un excellent moyen d'atteindre les clients qui préfèrent les méthodes de communication traditionnelles. Envisagez d'annoncer votre propriété dans les journaux locaux, les magazines ou dans des supports publicitaires ciblés tels que des brochures ou des cartes postales.

Le marketing de recommandation peut également être un moyen efficace de promouvoir votre propriété. Encouragez vos clients actuels à recommander votre établissement à leurs amis et à leur famille en leur offrant des incitations telles que des réductions ou des crédits pour de futurs séjours. Demandez des commentaires et des témoignages, et utilisez-les pour promouvoir votre établissement.

La publicité payante, telle que Google AdWords ou Facebook Ads, permet d'atteindre un public plus large et d'accroître la visibilité. Ciblez vos annonces en fonction de votre profil démographique, par exemple les personnes qui recherchent des locations de vacances de luxe dans un lieu précis.

Enfin, il est important d'évaluer et d'ajuster en permanence vos stratégies de marketing et de publicité pour vous assurer qu'elles touchent le bon public et génèrent les meilleurs résultats. Utilisez des outils de suivi et d'analyse tels que Google Analytics ou SEMrush pour surveiller le trafic sur votre site web, l'engagement sur les médias sociaux et les taux de conversion. Effectuez les ajustements nécessaires pour optimiser vos efforts en matière de marketing et de publicité.

En conclusion, il est essentiel pour votre entreprise de location de vacances de luxe de disposer d'une solide stratégie de marketing et de publicité. En construisant une identité de marque, en utilisant les plateformes de médias sociaux, en créant un site web professionnel, en utilisant les agences de voyage en ligne, le marketing par courriel, la publicité imprimée, le marketing de recommandation, la publicité payée, et en évaluant et en ajustant continuellement votre stratégie, vous serez en mesure d'atteindre le bon public, de remplir votre calendrier avec des réservations et, en fin de compte, d'augmenter votre chiffre d'affaires. N'oubliez pas d'être toujours créatif et prêt à essayer de nouvelles choses afin d'atteindre votre public, et d'être attentif aux commentaires de vos clients.

Guide étape par étape

Étape 1 : Développer une identité de marque

- Trouvez un nom, un logo et une esthétique générale uniques et mémorables qui reflètent la personnalité et le cadre de la propriété.

- Créez une image de marque cohérente sur toutes les plateformes, y compris votre site web, les médias sociaux et les documents imprimés.

- Envisagez de faire appel à une agence de branding comme BrandHive ou Lush Digital pour vous aider à développer votre identité de marque.

Étape 2 : Utiliser les réseaux sociaux

- Créez des comptes sur des plateformes de médias sociaux populaires telles que Facebook, Instagram et Twitter.

- Partagez des images et des vidéos de haute qualité pour présenter votre propriété et donner une idée de ce à quoi les clients peuvent s'attendre.

- Partagez des informations pertinentes sur votre propriété et la région locale, telles que les événements et activités à venir.

- Utilisez un outil de planification comme Hootsuite ou Buffer pour programmer et automatiser vos publications.

Étape 3 : Créer un site web professionnel

- Créez un site web professionnel et convivial, avec une navigation claire et des informations faciles à trouver.
- Optimisez votre site web pour les moteurs de recherche à l'aide d'outils tels que Yoast ou Ahrefs.
- Utilisez un constructeur de site web comme Wix ou Squarespace pour créer facilement un site web.

Étape 4 : Utiliser les agences de voyage en ligne (OTA)

- Créez des annonces sur des OTA populaires telles que Airbnb, VRBO et Booking.com.
- Optimisez vos annonces avec des photos professionnelles, des descriptions détaillées et des stratégies de tarification qui se démarquent de la concurrence.
- Utilisez un outil de tarification comme BeyondPricing ou PriceLabs pour optimiser votre stratégie de tarification.

Étape 5 : Marketing par courrier électronique

- Créez une liste de diffusion d'invités potentiels, d'anciens invités et de demandes de renseignements.
- Envoyez régulièrement des mises à jour et des offres spéciales à votre liste de diffusion.
- Utilisez un outil de marketing par courriel comme Mailchimp ou Constant Contact pour gérer et automatiser vos campagnes de marketing par courriel.

Étape 6 : Publicité imprimée

- Envisagez d'annoncer votre bien dans les journaux locaux, les magazines ou dans des supports publicitaires ciblés tels que des brochures ou des cartes postales.
- Faites appel à une société d'impression comme Vistaprint ou Moo pour imprimer vos documents publicitaires.

Étape 7 : Marketing de recommandation

- Encouragez vos clients actuels à recommander votre établissement à leurs amis et à leur famille en leur proposant des incitations telles que des réductions ou des crédits pour de futurs séjours.
- Demandez des critiques et des témoignages, et utilisez-les pour promouvoir davantage votre établissement.

Étape 8 : Publicité payante

- Investissez dans des publicités payantes telles que Google AdWords ou Facebook Ads pour toucher un public plus large et accroître votre visibilité.
- Utilisez des options de ciblage pour atteindre des données démographiques spécifiques, comme les personnes qui recherchent des locations de vacances de luxe dans un lieu précis.
- Utilisez des outils d'analyse et de suivi tels que Google Analytics ou SEMrush pour surveiller le trafic sur le site

web, l'engagement sur les médias sociaux et les taux de conversion.

- Effectuez les ajustements nécessaires pour optimiser vos efforts de marketing et de publicité.

En suivant ce guide étape par étape et en utilisant les outils et les entreprises mentionnés, vous serez en mesure de commercialiser efficacement votre logement de luxe et d'en faire la publicité auprès du bon public, de remplir votre calendrier de réservations et, en fin de compte, d'augmenter votre chiffre d'affaires.

7.

CRÉER UNE EXPÉRIENCE EXCEPTIONNELLE POUR LES VISITEURS

La création d'une expérience client exceptionnelle est cruciale pour le succès de votre entreprise de location de vacances de luxe. Cela vous permettra non seulement d'obtenir des commentaires positifs, des recommandations de bouche à oreille et des clients réguliers, mais aussi de vous démarquer de vos concurrents.

Avant tout, il est important d'être à l'écoute des besoins de vos clients et de répondre à tout problème qu'ils pourraient rencontrer de manière opportune et professionnelle. Pour ce faire, vous pouvez fournir des instructions claires et détaillées sur l'accès à la propriété, le fonctionnement des appareils et des équipements, et l'endroit où trouver les informations importantes. En outre, fournir aux clients un guide détaillé de la région, y compris les restaurants recommandés, les activités et les événements locaux, est un excellent moyen de s'assurer qu'ils passeront un bon moment pendant leur séjour chez vous.

Veillez à ce que votre propriété soit toujours propre et bien entretenue. Un espace propre et accueillant est essentiel pour créer une première impression positive. Vous pouvez faire appel à un service de nettoyage professionnel ou le faire vous-même, mais veillez à ce que la propriété soit impeccable avant l'arrivée de chaque client. En outre, veillez à fournir aux clients les équipements nécessaires, tels que des draps, des serviettes et des articles de toilette frais.

Une autre façon de créer une expérience exceptionnelle pour les clients est d'ajouter les petites attentions qui font toute la différence. Il peut s'agir de petits cadeaux ou de friandises laissés aux clients à leur arrivée, d'un mot de bienvenue ou d'un panier-cadeau. Il peut également s'agir de petits articles tels que des parasols ou des serviettes de plage, qui peuvent rendre le séjour des clients plus confortable.

Envisagez d'offrir des services supplémentaires tels que des chefs cuisiniers privés, des soins de spa sur place ou un service de transport vers l'aéroport. Ces services supplémentaires peuvent vraiment différencier votre propriété et créer une expérience vraiment luxueuse pour les clients. En outre, si vous disposez d'une société de gestion immobilière, celle-ci peut également proposer des services supplémentaires tels que le ménage quotidien, la blanchisserie et des services de conciergerie à vos clients.

Fournir aux clients les dernières technologies est un autre moyen de créer une expérience exceptionnelle. Il peut s'agir d'Internet à haut débit, de téléviseurs intelligents et de services de diffusion en continu, ainsi que d'autres technologies domestiques intelligentes telles que l'entrée sans clé, le contrôle du thermostat et le contrôle de l'éclairage.

Enfin, il est important de garder à l'esprit l'importance d'être respectueux de l'environnement et socialement responsable. Vous pouvez promouvoir cela en fournissant aux clients des récipients réutilisables, en utilisant des appareils à faible consommation d'énergie et des éclairages LED, en utilisant du linge durable et en soutenant les communautés et les entreprises locales.

Créer une expérience exceptionnelle pour les clients, c'est se surpasser pour répondre à leurs attentes et les dépasser. Il s'agit de prêter attention aux détails et d'offrir aux clients les petites attentions qui rendent leur séjour mémorable. En offrant une propriété propre et bien entretenue, un service clientèle réactif, des services et des équipements supplémentaires, ainsi que les technologies les plus récentes, vous pouvez créer une expérience véritablement luxueuse qui distinguera votre propriété de la concurrence. En outre, en étant respectueux de l'environnement et socialement responsable, vous attirerez également un segment croissant de voyageurs conscients de leur responsabilité sociale. En suivant ces conseils, vous pouvez créer une expérience client qui donnera lieu à des commentaires positifs, à une clientèle fidèle et, en fin de compte, à une augmentation de votre chiffre d'affaires.

Un fait peu connu

Un fait peu connu concernant la création d'une expérience exceptionnelle pour les clients est que les touches personnalisées peuvent avoir un impact important. Par exemple, le fait de fournir aux clients un dossier de bienvenue personnalisé contenant des recommandations locales adaptées à leurs intérêts et préférences, ou même de se souvenir du nom et des préférences d'un client lors d'un séjour précédent, peut leur donner l'impression d'être spéciaux et appréciés, ce qui leur laissera une impression durable. De même, de petits gestes comme des bouteilles d'eau gratuites, des en-cas ou même un petit cadeau peuvent constituer une surprise agréable à laquelle les clients ne s'attendent pas et qu'ils apprécieront. Ces petits gestes vous aideront à vous démarquer et à faire en sorte qu'ils choisissent de séjourner à nouveau chez vous ou qu'ils recommandent votre établissement à leurs amis et à leur famille.

Exemple tangible

Un couple avait réservé un séjour d'une semaine dans une villa de luxe sur la plage. Dès leur arrivée, ils ont été impressionnés par la propriété. Elle était magnifiquement décorée, propre et bien entretenue, et offrait une vue imprenable sur l'océan. Mais ce sont les petites attentions qui ont vraiment rendu leur séjour exceptionnel.

Dès leur arrivée, ils ont reçu un panier de bienvenue rempli d'en-cas locaux et un mot écrit à la main par le propriétaire. Ils ont également reçu un guide détaillé de la région, avec des recommandations de restaurants, d'activités et d'événements locaux. La villa était équipée des dernières technologies, notamment d'une connexion Internet haut débit, de téléviseurs intelligents et de services de streaming.

Tout au long de leur séjour, les clients ont été impressionnés par le niveau de service fourni. La société de gestion immobilière était disponible 24 heures sur 24 et 7 jours sur 7 pour résoudre les problèmes et répondre aux questions. Elle a également assuré un service de ménage quotidien et un service de blanchisserie gratuit. Un soir, les clients ont eu la surprise d'avoir un chef privé qui leur a préparé un délicieux dîner sur la terrasse surplombant l'océan.

Le couple a également été ravi de constater que la propriété était respectueuse de l'environnement et socialement responsable. Elle était équipée d'appareils électroménagers à faible consommation d'énergie et d'un éclairage LED, et utilisait du linge de maison durable. En outre, la société de gestion immobilière soutenait les communautés et les entreprises locales.

Dans l'ensemble, le couple a été vraiment surpris par l'expérience qui lui a été offerte. Ils se sont sentis choyés et pris en charge tout au long de leur séjour, et les petites attentions leur ont donné l'impression de passer des vacances vraiment luxueuses. Ils étaient impatients de revenir et de raconter leur merveilleuse expérience à leurs amis et à leur famille.

8.

GESTION ET ENTRETIEN DE VOTRE APPARTEMENT DE LUXE EN LOCATION POUR LES VACANCES

La gestion et l'entretien d'une location de vacances de luxe peut être une tâche difficile, mais avec la bonne approche, cela peut être une activité gratifiante et rentable. Il est important de comprendre qu'il ne s'agit pas d'un investissement passif, mais d'une entreprise pratique qui nécessite votre attention et votre dévouement pour réussir.

Tout d'abord, il est essentiel de mettre en place un plan de gestion adéquat. Il s'agit notamment d'inspecter régulièrement le bien, de programmer l'entretien et les réparations de routine et de tenir un registre précis de toutes les dépenses. Il est également important d'établir des politiques et des procédures claires pour les clients, notamment en ce qui concerne les heures d'arrivée et de départ, les dépôts de garantie et toute autre information pertinente. Un manuel détaillé auquel les hôtes peuvent se référer leur permettra de comprendre plus facilement ce que l'on attend d'eux et réduira les risques de confusion ou de malentendus.

Il est également important de mettre en place une bonne équipe pour aider à la gestion et à l'entretien de la propriété. Il peut s'agir d'un gestionnaire immobilier, d'un agent d'entretien, d'un homme à tout faire ou d'un réparateur, et d'un comptable. Une équipe de professionnels sur laquelle vous pouvez compter facilitera la gestion de la propriété et permettra d'offrir aux clients le niveau de service qu'ils attendent.

En ce qui concerne l'entretien de la propriété, il est important de procéder au nettoyage de routine, à la lessive et à l'entretien général. Il s'agit notamment de remplacer les ampoules et les filtres, et de s'assurer que les appareils électroménagers sont en état de marche. Il est également important d'inspecter régulièrement la propriété pour détecter tout signe d'usure et d'effectuer les réparations nécessaires. En outre, il est indispensable de fournir aux clients les équipements nécessaires, tels que des draps, des serviettes et des articles de toilette frais.

Un autre élément clé de la gestion et de l'entretien de votre location de vacances de luxe est de rester au courant des dernières tendances et technologies. Il s'agit notamment de la technologie des maisons intelligentes, des appareils électroménagers économes en énergie et des matériaux durables. Le fait d'être à l'avant-garde rendra votre propriété plus attrayante pour les clients et vous aidera à rester compétitif sur le marché.

Enfin, vous devriez envisager d'investir dans une police d'assurance complète pour vous protéger, vous et vos hôtes, contre les risques potentiels. Il s'agit d'une assurance responsabilité civile, d'une assurance des biens et de toute autre couverture nécessaire, telle que l'assurance contre les accidents du travail pour les employés.

La gestion et l'entretien d'une propriété de luxe destinée à la location de vacances peuvent représenter beaucoup de travail, mais avec la bonne approche, il peut s'agir d'une activité enrichissante et rentable. En mettant en place un plan de gestion approprié, en établissant des politiques et des procédures claires et en disposant d'une bonne équipe, vous pouvez vous assurer que votre propriété est toujours en parfait état et que vos clients vivent une expérience merveilleuse. En vous tenant au courant des dernières tendances et technologies et en investissant dans une assurance complète, vous pouvez vous protéger et protéger vos clients tout en maintenant la compétitivité de votre établissement sur le marché.

Plan par étapes

Étape 1 : Élaborer un plan de gestion :

Il s'agit notamment d'établir des politiques et des procédures claires pour les hôtes, de programmer des inspections régulières de la propriété et de tenir des registres précis de toutes les dépenses.

Étape 2 : Constituer une équipe :

Il s'agit d'engager un gestionnaire immobilier, un agent d'entretien, un homme à tout faire et un comptable. Assurez-vous qu'ils sont compétents, fiables et qu'ils peuvent suivre vos procédures.

Étape 3 : Planifier l'entretien régulier et les réparations :

Il s'agit du nettoyage de routine, de la lessive, de l'entretien général et des réparations nécessaires. Cela permet de s'assurer que la propriété est toujours en parfait état pour les clients.

Étape 4 : Se tenir au courant des dernières tendances et technologies :

Il s'agit notamment d'utiliser la technologie de la maison intelligente, des appareils économes en énergie et des matériaux durables. Cela contribuera à rendre la propriété plus attrayante pour les clients et à la maintenir compétitive sur le marché.

Étape 5 : Investir dans une assurance :

Souscrivez une police d'assurance complète pour vous protéger, ainsi que vos invités et votre propriété, contre les risques potentiels.

Étape 6 : Inspections régulières :

Effectuez des inspections régulières de la propriété, avant l'arrivée des clients et après leur départ. Cela vous permettra de détecter rapidement tout problème et de vous assurer que la propriété est toujours en bon état.

Étape 7 : Communication avec les hôtes :

Veillez à avoir une bonne communication avec les clients, à leur fournir des instructions et des informations claires, et à être disponible pour les aider en cas de problème ou d'inquiétude.

Étape 8 : Commentaires des clients :

Encouragez les clients à donner leur avis sur leur séjour, ce qui vous permettra de savoir ce qu'ils ont aimé et ce qu'ils n'ont pas aimé, et d'apporter des améliorations en conséquence.

Étape 9 : Gestion des données :

Suivez vos réservations, vos recettes, vos dépenses et d'autres données qui vous aideront à planifier et à prendre de meilleures décisions.

En suivant ce plan étape par étape, vous serez en mesure de gérer et d'entretenir efficacement votre location de vacances de luxe et de veiller à ce que vos clients vivent une expérience mémorable et agréable. Vous serez également en mesure de maximiser la rentabilité et de minimiser les risques potentiels.

9.

UTILISER LA TECHNOLOGIE POUR AUTOMATISER LA LOCATION DE VOTRE PROPRIÉTÉ

La technologie a changé la façon dont les locations en vacances sont gérées, et il est essentiel de tirer parti des outils disponibles pour automatiser autant de tâches que possible. L'un des outils les plus importants pour gérer votre location de vacances de luxe est un système de gestion immobilière (PMS).

Un PMS est une plateforme logicielle qui permet de tout gérer, des réservations aux communications avec les clients en passant par les paiements. Il vous permet de gérer facilement votre calendrier, vos tarifs et vos disponibilités, ainsi que de créer des messages électroniques et textuels automatisés à l'intention des clients. Certains PMS proposent également des intégrations avec des partenaires clés comme Airbnb, Booking.com et d'autres, ce qui vous permet de gérer toutes vos annonces sur une seule plateforme.

L'un des principaux avantages de l'utilisation d'un PMS est la possibilité d'automatiser les tâches répétitives, telles que l'envoi des confirmations de réservation, des politiques d'annulation et des instructions d'enregistrement. Cela permet non seulement de gagner du temps, mais aussi de s'assurer que les clients disposent de toutes les informations dont ils ont besoin, ce qui peut réduire la confusion et les plaintes.

Un autre avantage d'un PMS est la possibilité de mettre en place une tarification et une disponibilité automatisées en fonction de la demande. Cela vous permet d'ajuster les tarifs en fonction des saisons hautes et basses, des vacances et des événements spéciaux. Vous pourrez également mettre rapidement à jour votre calendrier des disponibilités afin que les clients puissent réserver leur séjour en toute simplicité.

Un PMS vous permet également de suivre et de gérer facilement les paiements, en vous fournissant des données en temps réel sur le chiffre d'affaires, le taux d'occupation et d'autres données financières. Cela peut vous aider à prendre des décisions plus éclairées en matière de prix et de disponibilité.

Enfin, un PMS peut vous aider à améliorer la communication avec vos clients en leur offrant un lieu central où ils peuvent accéder aux informations et communiquer avec vous. Les clients peuvent également évaluer et commenter leur séjour, ce qui vous aidera à améliorer votre service au fil du temps.

En utilisant un PMS, vous pouvez automatiser de nombreuses tâches liées à la gestion d'une location de vacances de luxe, ce qui vous permettra de vous consacrer à des tâches plus importantes telles que l'engagement des clients, le marketing et la gestion des revenus. Votre entreprise de location sera ainsi plus efficace et plus rentable.

Lorsque vous choisissez un PMS pour votre location de vacances de luxe, il est important de prendre en compte les caractéristiques les plus importantes pour vous, telles que les capacités d'automatisation, la gestion des prix et des disponibilités, et les intégrations avec d'autres plateformes. Il est également important de prendre en compte le coût et la facilité d'utilisation, afin de trouver un système qui corresponde à votre budget et qui soit facile à utiliser.

Voici une liste des principales caractéristiques et capacités qu'un système de gestion immobilière (PMS) peut offrir pour la gestion d'une location de propriété :

- Gestion du calendrier : Vous permet de gérer facilement votre calendrier et vos disponibilités, de bloquer des dates pour la maintenance ou l'utilisation personnelle, et de définir des prix différents pour les saisons pleines et creuses.
- Gestion des canaux : Intégrez les plateformes de réservation populaires telles qu'Airbnb, Booking.com

et d'autres pour gérer toutes vos annonces à partir d'un seul endroit, et synchronisez votre disponibilité et votre tarification sur tous les canaux.

- Gestion des réservations : Vous permet de gérer facilement les réservations, notamment en acceptant les paiements, en configurant des e-mails de confirmation automatisés et en gérant les annulations et les remboursements.
- Gestion des invités : Vous permet de stocker des informations sur les invités, de communiquer avec eux avant et pendant leur séjour, de gérer les avis et les évaluations des invités, et de créer des campagnes marketing ciblées.
- Gestion financière : Fournit des données en temps réel sur les recettes, le taux d'occupation et d'autres aspects financiers, ainsi que la possibilité de mettre en place une facturation automatisée.
- Gestion de la maintenance et de l'entretien ménager : programmer et suivre les tâches de maintenance, gérer le calendrier de nettoyage et l'inventaire des fournitures.
- Automatisation : Automatise les tâches répétitives telles que l'envoi d'e-mails de confirmation, la mise en place de politiques d'annulation et l'envoi d'instructions d'enregistrement.
- Rapports : Fournit des rapports détaillés sur l'occupation, les revenus et d'autres mesures qui peuvent vous

aider à prendre des décisions plus éclairées sur la tarification, la disponibilité et le marketing.

- Contrôle d'accès : Contrôlez l'accès au PMS en créant des rôles et des autorisations pour les membres de l'équipe et les partenaires.
- Accès à l'application mobile : La plupart des PMS fournissent une application mobile pour accéder et gérer votre propriété en déplacement.

Gardez à l'esprit que les différents PMS ont des fonctionnalités et des capacités différentes. Il est donc important de rechercher et de comparer différentes options avant d'en choisir une qui réponde à vos besoins spécifiques.

10.

CRÉER UN MODÈLE D'ENTREPRISE DURABLE POUR UNE RÉUSSITE À LONG TERME

La gestion d'une entreprise de location de vacances de luxe peut être une activité gratifiante et rentable, mais il est important de mettre en place un modèle d'entreprise durable pour garantir le succès à long terme. Un modèle d'entreprise durable est un modèle qui génère suffisamment de revenus pour couvrir les dépenses et fournir un retour sur investissement raisonnable, tout en s'adaptant à l'évolution des conditions du marché et des préférences des consommateurs.

L'un des éléments clés d'un modèle d'entreprise durable est la stratégie de tarification. Il est essentiel de fixer correctement le prix de votre location pour attirer le bon type de clients, tout en générant suffisamment de revenus pour couvrir vos dépenses et assurer un retour sur investissement. Il est important d'étudier le marché local et de fixer des prix compétitifs, tout en tenant compte des caractéristiques et des équipements uniques de votre propriété. La tarification peut être flexible et évoluer en fonction de la demande et de la saisonnalité.

Un autre aspect important d'un modèle d'entreprise durable est la gestion des coûts. Il est important de maintenir les coûts d'exploitation à un niveau bas, sans sacrifier l'expérience du client. Cela peut passer par l'externalisation de certaines tâches, telles que le nettoyage et l'entretien, l'utilisation d'appareils économes en énergie et la mise en œuvre de programmes de recyclage et de réduction des déchets.

Le marketing et la publicité sont également essentiels à la mise en place d'un modèle d'entreprise durable. En comprenant votre marché cible et en identifiant ses préférences et ses besoins, vous pouvez créer des campagnes de marketing efficaces qui génèreront des réservations et des revenus. L'utilisation de différents canaux tels que les médias sociaux, le référencement et les annonces payantes peut s'avérer très efficace pour atteindre un large public.

Outre la tarification, la gestion des coûts et le marketing, un autre aspect crucial d'un modèle d'entreprise durable est la satisfaction et l'expérience des clients. Une expérience positive des clients peut donner lieu à des commentaires positifs, à une augmentation des réservations et à une base de clients fidèles. Pour ce faire, il convient d'investir dans des équipements de premier ordre, de fournir un excellent service à la clientèle et d'être à l'écoute des besoins et des préoccupations des clients.

Enfin, le fait de garder un œil attentif sur les indicateurs de performance, tels que le taux d'occupation, le revenu par réservation et le coût d'acquisition, peut vous aider à prendre des décisions commerciales éclairées et à vous adapter à l'évolution des conditions du marché.

En résumé, la mise en place d'un modèle économique durable pour votre location de vacances de luxe nécessite une combinaison de stratégie tarifaire efficace, de gestion des coûts, de marketing, de satisfaction des clients et de contrôle continu des performances. En vous concentrant sur ces domaines clés, vous pouvez créer une entreprise qui génère des revenus réguliers et une réussite à long terme.

11 QUESTIONS À SE POSER AVANT DE CHOISIR UNE SOCIÉTÉ DE GESTION DE LOCATIONS DE VACANCES

Vous gérez votre location de vacances depuis un certain temps, mais vous envisagez maintenant d'en confier la responsabilité à une société de gestion professionnelle. C'est une sage décision, car le temps et la tranquillité d'esprit n'ont pas de prix ! Cependant, face à la multitude de sociétés de gestion existantes, comment choisir celle qui répondra le mieux à vos besoins spécifiques ? Dans ce chapitre, nous vous guiderons tout au long du processus en vous proposant 11 questions essentielles à poser lors de vos entretiens de sélection.

1. Quelle est votre stratégie pour augmenter mes revenus locatifs ? Une bonne société de gestion doit avoir une stratégie claire pour maximiser vos revenus locatifs. Recherchez des sociétés qui utilisent des approches fondées sur des données, telles que des systèmes de tarification dynamique, pour déterminer les tarifs et le taux d'occupation optimaux. Une société de gestion sérieuse doit également s'efforcer de réduire les dépenses et d'optimiser le taux d'occupation

afin de protéger vos actifs.

2. Quelle est votre recette pour réussir à offrir une expérience inoubliable à vos clients ? Une expérience exceptionnelle est essentielle pour obtenir des réservations répétées et des commentaires positifs. Renseignez-vous sur l'approche de la société de gestion pour créer des expériences inoubliables. Les mots, les photos et les commentaires positifs jouent un rôle important, alors demandez-leur comment ils les utiliseront pour améliorer l'attrait de votre propriété.

3. Qu'est-ce qui est inclus dans les frais de gestion ? Les frais de gestion peuvent varier considérablement en fonction des services offerts. Évaluez-les en fonction des services fournis et de leur impact sur votre revenu global. Tenez également compte de la stratégie d'optimisation des revenus ; une commission de gestion plus ou moins élevée ne garantit pas nécessairement un revenu optimal. Demandez une analyse du potentiel de rentabilité sur la base de données comparables.

4. Quels sont vos forfaits ? Les sociétés de gestion proposent différentes formules. Déterminez vos besoins spécifiques et recherchez une société capable de les satisfaire. Certaines proposent une approche unique, tandis que d'autres offrent plus de flexibilité avec des formules sur mesure.

5. Comment protégez-vous mes biens et garantissez-vous la satisfaction des clients ? Une société de

gestion fiable doit disposer d'une stratégie pour filtrer les clients indésirables et traiter les problèmes potentiels afin de protéger votre bien et votre réputation. Renseignez-vous sur leur processus de sélection et sur la manière dont ils traitent les plaintes des clients ou les dégâts.

6. Quel est votre taux d'occupation cible ? Méfiez-vous des entreprises qui promettent des taux d'occupation anormalement élevés. Recherchez une société qui vise le "sweet spot", c'est-à-dire l'équilibre entre le taux d'occupation et le revenu, afin de vous permettre de passer suffisamment de temps avec votre propriété tout en maximisant vos revenus.

7. Sur quelles plateformes commercialiserez-vous mon bien ? Une stratégie de marketing réussie implique de promouvoir votre propriété sur plusieurs plateformes, et non sur une seule. Recherchez une société qui présentera votre bien sur diverses plateformes mondiales et locales et qui exploitera les médias sociaux pour une exposition maximale.

8. Comment assurez-vous le contrôle de la qualité ? La propreté et l'entretien sont des facteurs essentiels de la satisfaction des clients. Renseignez-vous sur l'approche de la société de gestion en matière de ménage, d'entretien de la propriété et de contrôle de la qualité en général, afin de conserver des commentaires positifs.

9. Comment gérez-vous les situations d'urgence ? Une réponse et une action rapides dans les situations

d'urgence sont essentielles pour la satisfaction des clients. Demandez à la société de gestion comment elle gère les situations d'urgence et comment elle assure un service rapide et efficace.

10. Comment puis-je utiliser ma propriété ? Une bonne entreprise devrait vous offrir un portail en libre-service où vous pourrez effectuer vos propres réservations et consulter le calendrier des réservations passées et futures de la propriété. De plus, est-ce que cette entreprise restreint vos réservations privées ? Reserver.ca n'impose aucune restriction à ses partenaires en matière de réservations privées.

11. Qu'avez-vous prévu pour me faire gagner du temps et automatiser des tâches ? Les solutions permettant de gagner du temps peuvent avoir un impact significatif sur votre efficacité en tant que propriétaire. Renseignez-vous sur les outils et systèmes d'automatisation utilisés par la société de gestion pour rationaliser les tâches répétitives et améliorer votre expérience globale.

En conclusion, confier la gestion de votre location de vacances à une société spécialisée peut vous faire gagner du temps, de l'argent et vous éviter bien des tracas. En posant ces 11 questions essentielles, vous serez bien équipé pour trouver la société de gestion qui correspond à vos objectifs et assure le succès de votre activité de location de vacances.
Chez Reserver.ca, nous avons déjà répondu à toutes ces

questions et nous avons des preuves d'expérience en main.

Améliorez le potentiel de revenu de votre propriété de luxe et assurez une expérience de location sans faille avec l'aide de notre équipe d'experts. Nos solutions sur mesure répondent à vos besoins spécifiques, qu'il s'agisse d'une consultation ponctuelle ou d'un service complet. Ne manquez pas la chance de devenir notre partenaire pour maximiser le potentiel de revenu de votre propriété et offrir à vos invités une expérience inoubliable.

Contactez-nous dès maintenant au 1 (833) 335-2583 ou à partenaire@reserver.ca pour élever votre jeu de location à un niveau supérieur. De plus, profitez de notre offre exclusive - une analyse GRATUITE du potentiel locatif de votre propriété. Laissez-nous vous montrer comment nous pouvons vous aider à atteindre un succès inégalé sur le marché de la location de vacances ! N'attendez pas, contactez-nous dès aujourd'hui et libérez le véritable potentiel de votre propriété de luxe.

À PROPOS

Patrick Poulin

Un entrepreneur visionnaire dans le secteur de l'immobilier, se concentrant sur le développement, la formation et le coaching de professionnels du marché des chalets de vacances et des locations à court terme. Avec une riche expérience dans le développement immobilier et les stratégies d'investissement, il s'est imposé comme une autorité de premier plan dans l'industrie. L'aventure de Patrick dans l'immobilier a commencé avec la possession d'un charmant chalet, ce qui a attisé sa passion pour créer des expériences exceptionnelles pour les clients et maximiser la rentabilité des biens.

À travers ses efforts pionniers chez Immofacile, Patrick a introduit des approches novatrices en matière de financement créatif et de gestion immobilière, établissant ainsi une nouvelle référence pour l'industrie. Ses apparitions dans divers programmes de télévision ont non seulement mis en valeur son expertise, mais ont également fourni des aperçus précieux sur la complexité du marché de l'immobilier. Chez Reserver.ca, il joue un rôle clé dans le département de la stratégie et des finances.

En 2018, Patrick Poulin s'est associé à son estimé partenaire d'affaire, Patrick Béland, pour fonder Reserver.ca, une société dynamique de gestion immobilière dédiée à offrir des résultats supérieurs aux investisseurs immobiliers. La vision stratégique de Patrick et sa profonde compréhension de la dynamique immobilière ont contribué de manière décisive à propulser Reserver.ca au premier plan de l'industrie.

Patrick Béland

Figure éminente dans la prospection immobilière et l'optimisation des rendements locatifs, Patrick Béland possède des biens locatifs à l'échelle mondiale et a joué un rôle essentiel en guidant les clients vers la maximisation de leurs revenus locatifs et de leur rentabilité globale. Fort de plus de 25 ans d'expérience approfondie dans le secteur de la technologie, il apporte une perspective unique à l'entreprise. La dernière initiative de Patrick Béland, BNBMatrix.com, est une application de renseignements commerciaux de pointe adaptée aux besoins spécifiques de l'industrie de la location à court terme. La plateforme permet aux investisseurs immobiliers de prendre des décisions éclairées en analysant des données critiques et en identifiant les opportunités d'investissement les plus lucratives au Québec et au-delà. Chez Reserver.ca, il est à la tête de la division Technologie et Marketing.

Avant Reserver.ca, les deux Patrick se sont aussi lancés dans un projet ambitieux dans la dynamique région de Sainte-

Adèle, l'un des derniers développements de chalet en location court terme restants dans la principale région touristique près de Montréal. Cette initiative a posé les bases d'un développement intégré exclusivement dédié aux locations à court terme, englobant plus de 70 lots soigneusement conçus. Le projet témoigne du leadership visionnaire des Patrick et de leur engagement inébranlable à répondre aux besoins en évolution du marché.

Pour en savoir plus sur les contributions exceptionnelles de Patrick Poulin et de Patrick Béland dans le secteur de l'immobilier, visitez chaletslocatifs.com, une ressource complète mettant en lumière leurs idées profondes et leurs réalisations dans le domaine.

Stéphanie Bessette
Professionnelle chevronnée avec une carrière illustre s'étalant sur plus de deux décennies dans l'industrie du service à la clientèle, elle occupe actuellement le poste de directrice générale de Reserver.ca. Son engagement inébranlable à garantir des expériences client fluides et son implication active dans le développement stratégique de l'entreprise lui ont valu la confiance et l'appréciation des clients du monde entier. Le dévouement de Stéphanie à l'excellence et sa passion pour offrir un service exceptionnel reflètent son engagement profond à élever les normes de l'industrie de l'hospitalité. Chez Reserver.ca, elle supervise les piliers des opérations et des ressources humaines.

Nous sommes convaincus que notre expertise et notre dévouement à offrir des expériences exceptionnelles à nos clients font de nous le choix idéal pour accompagner les investisseurs vers le succès. Rejoignez-nous dès aujourd'hui pour donner à votre entreprise de location de vacances un avantage concurrentiel inégalé !

CE QUE NOS PARTENAIRES PENSENT DE NOUS

"Wow ! Je ne peux pas en dire assez sur l'incroyable service de l'équipe de Reserver.ca ! Ils ont traité notre location de vacances comme s'il s'agissait de la leur, en veillant à ce que tout se passe sans accroc. Leur réponse rapide aux questions des invités et leur efficacité exceptionnelle ont fait de notre propriété un énorme succès auprès des voyageurs. Hautement recommandé !"

- Natalie Babin

"L'équipe de Reserver.ca est comme de la magie ! Notre revenu locatif a explosé grâce à leurs stratégies de tarification géniales et à leurs compétences en marketing. Ils ont attiré plus de voyageurs tout au long de l'année, et nous ne pourrions pas être plus heureux des résultats !"

- Jean-Luc Dion

"Notre propriété est devenue une attraction grâce aux compétences en photographie et en marketing de l'équipe de Reserver.ca. Leurs annonces éblouissantes et leurs promotions astucieuses ont attiré plus de réservations que nous n'aurions jamais imaginé !"

- Claude Chouinard

"Avant et après la Covid, l'équipe de Reserver.ca est restée à la hauteur de son expertise, même en période de hauts et de bas. Avant la pandémie, leur approche novatrice a permis d'atteindre des sommets en matière de gestion de propriétés de vacances, avec un revenu locatif record et des invités comblés. Ils ont su tirer le meilleur parti de chaque opportunité pour nos locations, créant des expériences inoubliables pour nos invités."

- Charles Lussier

"Digne de confiance et transparente - voilà l'équipe de Reserver.ca ! J'ai une confiance totale dans leur gestion financière. Leurs rapports clairs et leur efficacité me rassure. Je sais que mon investissement est entre bonnes mains."

- Catherine Florent

« Réserver.ca offre un service de gestion clé en main qui m'a vraiment impressionné. Leur approche professionnelle et leur attention portée à la fois aux locataires et aux propriétaires sont très appréciées. Grâce à eux, j'ai pu gérer ma propriété en toute tranquillité. Je les recommande vivement à tous ceux qui cherchent une équipe compétente pour gérer leurs biens immobiliers. Bonne continuation à toute l'équipe de Réserver.ca ! »

- David Aubry

L'équipe gère mes condos aux Suites-Sur-Lac depuis maintenant deux ans et je n'ai que de bons mots. Les communications, la publicité, le souci de l'expérience client, le respect ne sont que quelques exemples des points forts de l'équipe de Reserver.ca. L'expérience Reserver.ca va bien au delà de la gestion de mes unités. J'ai le privilège d'avoir près de moi des gens passionnées, à l'écoute et innovateur. Des investisseurs immobilier qui ont le succès de leur pairs à cœur et qui seront toujours ouvert à partager leurs expériences passées. Lorsqu'on veut se bâtir un réseau solide et compétent, on choisit Reserver.ca.

- Patrick Gilbert